LES
PREMIÈRES LEÇONS

SYLLABAIRE.

Paris.

AMÉDÉE BEDELET,

20, Rue des Grands-Augustins, 20.

Imp. Meyer, rue des Bernardins, N.º 6

LES
PREMIÈRES LEÇONS

NOUVEAU SYLLABAIRE

SUIVI

DHISTORIETTES, CONTES, FABLES, MAXIMES ET PRIÈRES

A LA PORTÉE DE L'ENFANCE.

PARIS,
AMÉDÉE BÉDELET, ÉDITEUR,
20, RUE DES GRANDS-AUGUSTINS,
AU PREMIER.

1846

Imprimerie de HENNUYER et Cᵉ, rue Lemercier, 24, Batignolles.

Ange.

Bouquet.

Éléphant.

Fouine

Castor.

Danseuse.

Girafe

Hibou

MAJUSCULES.

A

B   C   D

E   F   G

H   I   J

K L M

N O P

Q R S

T U V

X Y Z

Invalide.

Kanguroo.

Négresse.

Ogre.

Léopard.

Magot.

Pêcheur.

Quêteuse

Religieuse.

Saint

Vautour

Xe.

Turc.

Urubu..

Yapou

Zizi.

2 ALPHABET DE MAJUSCULES.

A B C D

E F G H

I J K L

M N O P

Q R S T

U V X Y Z

MINUSCULES.

a b c d e f g h
i j k l m n o p
q r s t u v x y z

a b c d e f g h
i j k l m n o p q
r s t u v x y z

MAJUSCULES ANGLAISES.

A B C D E

F G H I J

K L M N O

P Q R S T

U V X Y Z

MINUSCULES ANGLAISES.

a b c d e f g h

i j k l m n o p

q r s t u v x y z

ALPHABET MÊLÉ.

u j a g v t x l p

i e k z q h s y m

f o c b n r d

CHIFFRES.

0 1 2 3 4 5 6 7 8 9

CHIFFRES MÊLÉS.

4 3 8 0 5 1 7 2 9 6

VOYELLES,

C'est-à-dire lettres qui forment un son sans le se-
cours d'aucune autre.

a e i ou y o u

CONSONNES,

C'est-à-dire lettres qui ne forme un son qu'avec
les voyelles.

b c d f g h j k l m n
p q r s t v x z.

Observations à faire apprendre à l'enfant.

Il y a 4 manières de prononcer l'*e*:

e é è ê

muet   fermé   ouvert   long

e muet—*monde*.	è ouvert—*misère*.
é fermé—*café*.	ê long—*tempête*.

Le C est comme K devant *a, o, u, Capitaine,*
etc., à moins qu'il n'ait une cédille, *Français*, etc.
Jamais il n'est dur devant les autres voyelles.

Le D à la fin d'un mot et devant une voyelle sonne comme T, — *Quand t'on*...

G est dur devant *a, o, u,* — G*aloubet*, etc.; jamais devant les autres voyelles.

S entre deux voyelles sonne comme Z, — *Artisan*.

T devant un *i* suivi d'une voyelle sonne presque toujours comme S, — *Tenta*tion.

LETTRES DOUBLES

QUI N'EN FONT QŪ'UNE

ea fait *a*	mang*ea*.
œ fait *e*	*œ*uf.
ph fait *f*	*ph*ilosophe.
th fait *t*	*th*éâtre.

EXERCICES

ab, il, or, ut, ed, af,
el, op, us, al, ep, ir,
pa, je, vo, du, mi, ra,
le, no, pu, si, fa, ze,
to, vu, xi, ma, bé,
ni, pa, ki, né, do,
su, na, mé, ri, fa,
ju, ta, té, lo, vu,
xa, ze, za, nu.

SUITE DES EXERCICES

EN MOTS DE 2, 3 ET 4 SYLLABES.

Ur-ne Du-pe Ta-pe Ca-fé A-mi Lo-ge Bi-le Mu-le Fa-ce Da-da E-pi A-ne Ma-la-de Ca-ra-fe E-co-le Sa-la-de Pa-na-de Bi-tu-me Sa-ti-re

A-vi-de Vo-lu-me
Ca-rê-me Pâ-tu-
re Na-vi-re.

Li-mo-na-de Co-
lo-nie Pi-lo-ta-ge
Vo-ra-ci-té Do -
mi-ci-le La-bou-
ra-ge.

VOYELLES ET CONSONNES COMPOSÉES.

au, eu, ou, ai, ay[1], eau, heu, œu, oi, oy, ei, ey, an, en, on, om, em, am, un, in, im, oui, aim, aur, ein, eun, ail, eil, ouil, euil, cha, gna, pha, che, gne, phe, cho, gno, phi, chu, gnu.

(1) Faites prononcer ai-i, oi-i, ei-i.

EXERCICES.

bau, pay, lai, deu.
mon, san, voy, pey.
moi, veau, bon, loin.
len, jon, faim, main.
join, tein, dou, fau.
sail, phra, chair.
gnol, teil, phar,
cham, gneul, mouil,
phré, char, gneau,
deuil, phla, chou,
gnon.

SUITE DES EXERCICES

EN MOTS DE PLUSIEURS SYLLABES.

boi-re , oi-seau ,
jou-jou , beau-té ,
man-teau, quin-ze,
mé-moi-re quan-ti-
té, at-tein-te, san-
gli-er.

CONSONNES VARIABLES.

ca, ac, ça, cé, ec,
ci, ic, co, ço, oc,
cu, çu, uc, ga, go,
ge, eg, gi, ig, cre,
cer, chré, cher,
gle, gel, gré, ger.

EXERCICES.

ac-ti-ver, ac-tion,
ro-se, an-se, do-se,
cas-ca-de, fa-ça-

de, con-com-bre,
le-çon, ga-ge, gi-
gan-tes-que, cher-
che, ger-main, gla-
çon, gré-goi-re,
ge-lé, na-ti-on,
ge-nou, mar-ti-al,
choir, po-se, cou-
su.

PRINCIPAUX SIGNES

Usités dans l'écriture.

(') *Apostrophe.*—L'âme pour la âme.

(-) *Trait d'union.*—Boute-feu.

(,) *Cédille.*—Maçon, garçon.

PONCTUATION.

(,) *Virgule.*—Indique une très-petite pause.

(;) *Point et virgule.*—Une plus grande.

(:) *Deux points.* — Une plus grande encore.

(.) *Un point.* — Une pause en baissant la voix.

(!) *Point d'exclamation.* — Hélas !

(?) *Point d'interrogation.*—Où allez-vous?

(··) *Tréma.* ë, ï, ü. Saül.

ACCENTS,

*Marques qui indiquent les inflexions à
donner à la voix.*

(´) *Aigu*. — Vé-ri-té, é-té.

(`) *Grave*. — A-près, ac-cès.

(ˆ) *Circonflêxe*. — â, ê, î, ô, û,
pâ-tre, ê-tre, gî-te, prô-ne,
flû-te.

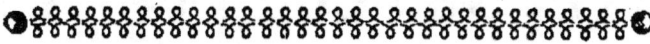

EXERCICE DE LECTURE COURANTE.

MAXIMES

CHRÉTIENNES.

Ai | mez Di | eu
par des | sus tout et
vo | tre pro | chain
com | me vous | mê |
me; lors | qu'il souf |

fre, se | cou | rez le
sans os | ten | ta |
ti | on, si vous le
pou | vez; car

les pau | vres sont
aus | si vos frè|res.
Ne men | tez ja-

mais ; le men | son |
ge est un vi | ce o-
di |eux qui rend mé|
pri | sa | ble.

Ai | mez vos pa |
rents et o | bé | is | sez
leur tou | jours, car
ils ne vous com |
man |dent ri | en qui
ne soit pour vo | tre
bi | en.

Vo |yez ! Er | nest,

mal | gré la dé |fen |
se de son pa | pa, a
vou | lu met | tre ses
bot | tes

et il pleu | re par |
ce qu'il ne peut plus
les re | ti | rer.

Son pa | pa de-
vrait le lais|ser ain-
si pour sa pu | ni |
ti | on.

Mais il lui par |
don|ne | ra par | ce|
qu'il pro| met de ne
plus re | com—men|
cer.

So |yez doux, af-
fa | ble a| avec tout
le mon | de, car la

co|lè|re et l'or|gueil
sont de grands dé|
fauts, et sur | tout
fui | iez la pa | res |
se qui en | gen | dre
tous les au | tres.

Un en | fant pa-
res | seux peut de-
ve| nir men | teur
et vo | leur!!!...

DIVISION DE L'ANNÉE.

L'Année se divise en 4 Saisons :

Le Printemps.-- L'Été.-L'Automne -- L'Hiver.

Et en douze mois :

Janvier.-Février.

- **Mars. - Avril. - Mai. - Juin. -Juillet. - Août. - Septembre. - Octobre. - Novembre. - Décembre.**

Un mois se divise en quatre semaines et quelques jours, et chaque semaine se compose de sept jours, savoir:

Lundi. - Mardi. - Mercredi.-Jeudi. - Vendredi. - Samedi. - Dimanche.

PHRASES.

J'aime bien papa et maman.

Je suis bien content de leur plaire. Pour cela il faut bien lire.

Si je lis bien ils m'aimeront et me récompenseront.

Mais si je lis mal ils me puniront.

Savez-vous comment on punit les enfants paresseux?

On leur met des oreilles d'âne.

On les enferme dans un cabinet tout noir.

On ne leur donne pour nourriture que du pain et de l'eau.

Et que fait - on aux enfants qui sont bien sages?

Ah ! quelle différence !

On les conduit à la promenade ; on leur donne des bon-

bons, des confitures
et beaucoup de bel-
les images!

HISTORIETTES.

Maman apprenait à parler à Jacot ;

il venait sur sa main et ne cher-
chait jamais à s'envoler ; mais

3

ce vilain Médor lui a fait peur en
aboyant après lui.

Depuis ce temps il est devenu
sauvage, et ne se laisse plus ap-
procher.

Maman avait ouvert la pe-

tite fenêtre qui donne sur le
jardin, et il est parti pour toujours !

Pauvre Jacot, je ne te verrai
donc plus !

Papa a une belle maison de campagne sur le bords de la rivière;

De la terrasse nous voyons passer de gros bateaux et quelque-

fois aussi des petites chaloupes
à voiles.

Papa en a acheté une bien jolie

pour promener maman.

Quand il fait beau, il va à la
chasse au Renard;

mais cela me fait peur; j'aime

mieux rester avec ma sœur qui
me dessine des images.

Quelquefois, le soir, papa se
met au coin du feu avec maman, et il nous lit de belles his-

toires, des fables et des contes.
J'en ai retenu un surtout bien

amusant; c'est une petite fille

qui a été mangée par un méchant loup !...

Je vais vous le lire :

Le Petit Chaperon Rouge.

core. Cette bonne femme lui fit
faire un petit chaperon rouge
qui lui seyait si bien que partout
on l'appelait le petit Chaperon
rouge.

Un jour sa mère ayant fait
des galettes lui dit : Va voir
comment se porte ta mère-
grand ; car on m'a dit qu'elle
était malade porte-lui une galette et ce petit pot de beurre.
Le petit Chaperon rouge partit
aussitôt pour aller chez sa mère-
grand, qui demeurait dans un
autre village. En passant dans

un bois elle rencontra compère
le Loup,

qui eut bien envie de la manger; mais il n'osa, à cause de
quelques bûcherons qui étaient
dans la forêt. Il lui demanda
où elle allait. La pauvre enfant, qui ne savait pas qu'il
était dangereux de s'arrêter à
écouter un Loup, lui dit : Je

vais voir ma mère-grand , et
lui porter une galette avec un
petit pot de beurre que ma
mère lui envoie. — Demeure-
t-elle bien loin ? lui dit le
Loup. — Oh! oui , reprit le
petit Chaperon rouge ; c'est
par delà le moulin que vous
voyez tout là-bas, là-bas... à la
première maison du village.—
Eh bien , dit le Loup, je veux
l'aller voir aussi ; je m'y en
vais par ce chemin-ci, et toi par
ce chemin-là, et nous verrons à
qui plus tôt y sera. Le Loup se

mit à courir de toute sa force
par le chemin qui était le plus
court ; et la petite fille s'en alla
par le chemin qui était le plus
long, s'amusant à cueillir des
noisettes, à courir après des
papillons, et à faire des bou-
quets des petites fleurs qu'elle
rencontrait. Le Loup ne fut pas
longtemps à arriver à la maison
de la mère-grand ; il heurte ;
toc, toc. — Qui est là ? — C'est
votre fille le petit Chaperon
rouge, dit le Loup en contrefai-
sant sa voix, qui vous apporte

une galette et un petit pot de beurre que ma mère vous envoie. La bonne mère-grand, qui était dans son lit, à cause qu'elle se trouvait un peu mal, lui cria : Tire la chevillette, la bobinette cherra. Le Loup tira la chevillette, et la porte s'ouvrit. Il se jeta sur la bonne femme, et la dévora en moins de rien ; car il y avait plus de trois jours qu'il n'avait mangé. Ensuite il ferma la porte, et alla se coucher dans le lit de la mère-grand, en attendant le petit Chaperon rouge,

qui, quelque temps après vint
heurter à la porte. Toc, toc. —
Qui est là ? — Le petit Chaperon
rouge, qui entendit la grosse
voix du Loup, eut peur d'abord ;
mais croyant que sa mère-grand
était enrhumée, elle répondit :
C'est votre fille, le petit Chaperon rouge, qui vous apporte une
galette et un petit pot de beurre
que ma mère vous envoie. Le
Loup lui cria, en adoucissant un
peu sa voix : Tire la chevillette ;
la bobinette cherra. Le Loup,
en la voyant entrer, lui dit en

se cachant dans le lit sous la
couverture : Mets la galette et le
petit pot deb eurre sur la huche,
et viens te coucher avec moi.
Le petit Chaperon rouge se dés-
habille, et va se mettre dans le
lit, où elle fut bien étonnée de
voir comment sa mère-grand
était faite en son déshabillé.
Elle lui dit : Ma mère-grand ,
que vous avez de grands bras !
—C'est pour mieux t'embrasser,
ma fille. — Ma mère-grand, que
vous avez de grandes jambes !
— C'est pour mieux courir, mon

enfant. — Ma mère-grand, que
vous avez de grandes oreilles !
— C'est pour mieux écouter,
mon enfant. — Ma mère-grand,
que vous avez de grands yeux !
—C'est pour mieux te voir, mon
enfant. — Ma mère-grand, que
vous avez de grandes dents ! —
C'est pour te manger. Et en di-
sant ses mots ce méchant Loup
se jeta sur le petit Chaperon
rouge et la mangea.

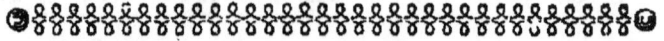

LA CIGALE
ET LA FOURMI,

FABLE.

La Cigale, ayant chanté
    Tout l'été,
Se trouva fort dépourvue
Quand la bise fut venue :
Pas un seul petit morceau
De mouche ou de vermisseau.
Elle alla crier famine
Chez la Fourmi sa voisine,
La priant de lui prêter
Quelque grain pour subsister.

La Cigale et la Fourmi.

Jusqu'à la saison nouvelle.

Je vous paîrai, lui dit-elle,

Avant l'août, foi d'animal,

Intérêt et principal.

La fourmi n'est point prêteuse ;

C'est là son moindre défaut.

Que faisiez-vous au temps chaud ?

Dit-elle à son emprunteuse. —

Nuit et jour à tout venant

Je chantais, ne vous déplaise.

Vous chantiez ! j'en suis fort aise,

Eh bien, dansez maintenant.

LE CORBEAU

ET LE RENARD.

FABLE.

Maître Corbeau, sur un arbre perché,
　　Tenait dans en son bec un fromage.
Maître Renard, par l'odeur alléché,
　　Lui tint à peu près ce langage :
Hé ! bonjour, monsieur du Corbeau !
Que vous êtes joli, que vous me semblez beau !
　　Sans mentir, si votre ramage
　　Se rapporte à votre plumage,
Vous êtes le phénix des hôtes de ces bois.
A ces mots le corbeau ne se sent pas de joie ;

Le Corbeau et le Renard.

Et, pour montrer sa belle voix,
Il ouvre un large bec, laisse tomber sa proie.
Le Renard s'en saisit, et dit : Mon bon monsieur,
    Apprenez que tout flatteur
  Vit aux dépens de celui qui l'écoute :
Cette leçon vaut bien un fromage, sans doute.
    Le Corbeau, honteux et confus,
Jura, mais un peu tard, qu'on ne l'y prendrait plus.

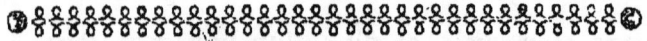

CHIFFRES.

Arabes.		Romains.
1	Un	I
2	Deux	II
3	Trois	III
4	Quatre	IV
5	Cinq	V
6	Six	VI
7	Sept	VII
8	Huit	VIII
9	Neuf	IX
10	Dix	X
11	Onze	XI

12	Douze	XII
13	Treize	XIII
14	Quatorze	XIV
15	Quinze	XV
16	Seize	XVI
17	Dix-sept	XVII
18	Dix-huit	XVIII
19	Dix-neuf	XIX
20	Vingt	XX
21	Vingt et un	XXI
22	Vingt-deux	XXII
23	Vingt-trois	XXIII
24	Vingt-quatre	XXIV
25	Vingt-cinq	XXV
26	Vingt-six	XXVI
27	Vingt-sept	XXVII
28	Vingt-huit	XXVIII

29	Vingt-neuf	XXIX
30	Trente	XXX
40	Quarante	XL
50	Cinquante	L
60	Soixante	LX
70	Soixante-dix	LXX
80	Quatre-vingt	LXXX
90	Quatre-vingt–dix	XC
100	Cent	C
500	Cinq cents.	D
1000	Mille	M

PRIÈRES.

Chaque matin et chaque soir nous devons adresser notre prière au bon Dieu. C'est à la fois un devoir et un plaisir, car n'est-il pas bien doux de penser qu'il nous est permis d'appeler *notre Père* le Créateur de l'univers !...

Jésus-Christ est venu sur la terre et nous a laissé son Évangile pour nous apprendre à le connaître, à le prier et à nous aimer tous pour l'amour de lui. C'est lui-même qui a dicté l'Oraison Dominicale, la plus belle de toutes les prières; mais, en nous la donnant, il a surtout recommandé de ne pas prier seulement des lèvres, mais aussi du fond du cœur. Il a dit : « Lorsque vous « voudrez faire votre prière, ne ressemblez « pas aux hypocrites qui affectent de se « faire voir, mais entrez dans votre cham- « bre et priez en secret de cette manière :

L'ORAISON DOMINICALE.

AU NOM DU PÈRE, DU FILS ET DU S.-ESPRIT.

Notre Père, qui êtes dans les Cieux, que votre nom soit sanctifié ; que votre règne arrive ; que votre volonté soit faite en la terre comme au ciel ; donnez-nous aujourd'hui notre pain quotidien ; pardonnez-nous nos offenses comme nous pardonnons à ceux qui nous ont offensés ; ne nous laissez point succomber à la tentation ; mais délivrez-nous du mal.

Ainsi soit-il.

LA SALUTATION ANGÉLIQUE.

Je vous salue, Marie, pleine de grâce : le Seigneur est avec vous; vous êtes bénie entre toutes les femmes, et Jésus, le fruit de vos entrailles, est béni.

Sainte Marie, mère de Dieu, priez pour nous, pauvres pécheurs, maintenant et à l'heure de notre mort. Ainsi soit-il.

LE SYMBOLE DES APOTRES.

Je crois en Dieu, le Père tout-puissant, créateur du ciel et de la terre ; et en Jésus-Christ son fils unique, notre Seigneur, qui a été conçu du Saint-Esprit, est né de la Vierge Marie, a souffert sous Ponce-Pilate, a été crucifié, est mort et a été enseveli ;

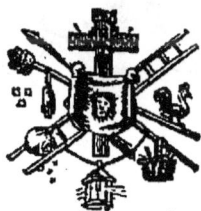

est descendu aux enfers, le troisième jour est ressuscité des morts ; est monté aux cieux, est assis à la droite de Dieu, lo Père tout-puissant, d'où il viendra juger les vivants et les morts.

Je crois au Saint-Esprit, à la sainte Eglise catholique, à la communion des Saints, à la rémission des péchés, à la résurrection de la chair, à la vie éternelle. Ainsi soit-il.

LES COMMANDEMENTS DE DIEU.

1. Un seul Dieu tu adoreras
   Et aimeras parfaitement.
2. Dieu en vain tu ne jureras,
   Ni autre chose pareillement.
3. Les dimanches tu garderas
   En servant Dieu dévotement.

4. Tes père et mère honoreras,
   Afin de vivre longuement.

5. Homicide point ne seras,
   De fait ni volontairement.

6. Luxurieux point ne seras,
   De corps ni de consentement.

7. Le bien d'autrui tu ne prendras,
   Ni retiendras à ton escient.

8. Faux témoignage ne diras,
   Ni mentiras aucunement.

9. L'œuvre de chair ne désireras
   Qu'en mariage seulement.

10. Biens d'autrui ne convoiteras
    Pour les avoir injustement.

LES
COMMANDEMENTS DE L'EGLISE.

1. Les fêtes tu sanctifieras,
   Qui te sont de commandement.

2. Les dimanches la messe ouïras,
   Et les fêtes pareillement.

3. Tous tes péchés confesseras,
   A tout le moins une fois l'an.

www.ingramcontent.com/pod-product-compliance
Lightning Source LLC
LaVergne TN
LVHW020951090426
835512LV00009B/1834